¡ESE ES EL TRABAJO PARA MÍ!

¡VOY A SER MAESTRO!

POR MICHOU FRANCO

Gareth Stevens PUBLISHING

Please visit our website, www.garethstevens.com. For a free color catalog of all our high-quality books, call toll free 1-800-542-2595 or fax 1-877-542-2596.

Library of Congress Cataloging-in-Publication Data

Names: Franco, Michou, author.
Title: ¡Voy a ser maestro! / Michou Franco.
Description: Buffalo, NY : Gareth Stevens Publishing, 2025. | Series: ¡Ese es el trabajo para mí! | Includes bibliographical references and index.
Identifiers: LCCN 2023037612 (print) | LCCN 2023037613 (ebook) | ISBN 9781482467734 (library binding) | ISBN 9781482467727 (paperback) | ISBN 9781482467741 (ebook)
Subjects: LCSH: Teachers–Juvenile literature. | Teaching–Juvenile literature.
Classification: LCC LB1775 .F725 2025 (print) | LCC LB1775 (ebook) | DDC 371.1–dc23/eng/20230906
LC record available at https://lccn.loc.gov/2023037612
LC ebook record available at https://lccn.loc.gov/2023037613

Published in 2025 by
Gareth Stevens Publishing
2544 Clinton Street
Buffalo, NY 14224

Translator: Esther Sarfatti
Designer: Claire Zimmermann
Editor: Therese Shea

Photo credits: Cover, pp. 1, 7, 19 Monkey Business Images/Shutterstock.com; Series Art (background) Salmanalfa/Shutterstock.com; p. 5 gorillaimages/Shutterstock.com; p. 9 Drazen Zigic/Shutterstock.com; p. 11 Asia Images Group/Shutterstock.com; p. 13 wavebreakmedia/Shutterstock.com; p. 15 AVAVA/Shutterstock.com; p. 17 Rawpixel.com/Shutterstock.com; p. 21 antoniodiaz/Shutterstock.com.

Printed in the United States of America

Some of the images in this book illustrate individuals who are models. The depictions do not imply actual situations or events.

CPSIA compliance information: Batch #CS25GS: For further information contact Gareth Stevens, New York, New York at 1-800-542-2595.

CONTENIDO

Un futuro maestro 4
Elegir un camino 6
Lo primero es estudiar 8
Maestros en prácticas 10
¿Qué certificado necesito? 12
Más que enseñanza 14
Reuniones 16
¿Cómo son los maestros? 18
Seguir aprendiendo 20
Glosario 22
Para más información 23
Índice 24

Las palabras en **negrita** aparecen en el glosario.

Un futuro maestro

Me encanta leer y escribir. También me encanta aprender. Y, sobre todo, me encanta compartir lo que aprendo. Por eso, yo voy a ser maestro. ¡Practico mucho! Cuando sea mayor, decidiré qué tipo de maestro quiero ser.

123

Elegir un camino

Algunos maestros enseñan a niños pequeños. Otros enseñan a alumnos mayores. ¡Y otros enseñan a los que están entremedias! Algunos maestros enseñan un solo grado, como el jardín de infancia. Otros enseñan una sola **materia**, como matemáticas. A veces, enseñan esa materia a alumnos de varios grados.

THE WORLD MAP

Lo primero es estudiar

La mayoría de los maestros van a la **universidad**. Normalmente son cuatro años de estudio. En la universidad, algunos estudian para hacerse maestros. Otros estudian una materia, como historia o lengua inglesa. Además, toman otras clases para aprender a ser maestros.

Maestros en prácticas

Los que estudian para ser maestros se llaman maestros en prácticas. Ellos pasan tiempo en el salón de clase. Observan a otros maestros que tienen **experiencia**. También practican cómo dar una clase. Los maestros en prácticas deben aprobar algunos exámenes también. Cuando terminan, reciben un **certificado** de enseñanza.

¿Qué certificado necesito?

Un certificado de enseñanza dice que un maestro está **cualificado** para enseñar en una escuela preescolar, **escuela primaria**, escuela intermedia o escuela secundaria. Para los grados más altos, el certificado puede ser para enseñar una materia en particular. Los maestros de gimnasia, arte y otras materias necesitan certificados de enseñanza especiales también.

Más que enseñanza

Los maestros enseñan, pero también hacen otros tipos de trabajo. Preparan un plan de **lección** para cada día. Estos planes pueden cambiar porque los alumnos aprenden de maneras diferentes. Los maestros también corrigen deberes y exámenes y ponen notas. Las notas indican cuánto están aprendiendo sus alumnos.

Reuniones

Los maestros también tienen que dedicar tiempo a reunirse con los alumnos que necesitan ayuda adicional. A veces se reúnen con padres o cuidadores para intentar ayudar a los alumnos entre todos. También se reúnen con otros maestros y trabajadores de la escuela. Juntos planifican eventos especiales para toda la escuela.

¿Cómo son los maestros?

Para ser maestro hacen falta ciertas habilidades. Los maestros deben saber hablar y escuchar bien. También tienen que ser capaces de adaptarse, o cambiar su forma de hacer las cosas. Así podrán ayudar a sus alumnos a aprender más. Los maestros deben ser **pacientes** para tratar de entender a sus alumnos.

Seguir aprendiendo

Muchos maestros continúan estudiando después de terminar su formación. Toman clases para encontrar nuevas formas de enseñar. Así también pueden aprender más acerca de las materias que enseñan. Los buenos maestros siempre se esfuerzan en ser mejores maestros. ¡Tengo muchas ganas de hacerme maestro!

Output
5K
555
npn
distance: ";
n);
3- Print 3D
4-Wire sch
5- Test
6-Write code

GLOSARIO

certificado: un documento, o papel oficial, que demuestra que alguien ha completado un programa de estudios o formación.

cualificado: que tiene la habilidad, experiencia o conocimientos para hacer un trabajo.

escuela primaria: en Estados Unidos, una escuela para niños pequeños.

experiencia: las habilidades que alguien desarrolla después de practicar algo.

lección: una parte de una clase cuya intención es enseñar algo.

materia: un área de conocimiento que se enseña en una escuela.

paciente: capaz de esperar mucho tiempo sin enojarse.

universidad: una escuela en la que se estudia después de terminar la escuela secundaria.

PARA MÁS INFORMACIÓN

LIBROS

Bender, Douglas. *Teacher.* Nueva York, NY: Crabtree Publishing Company, 2022.

Bradley, Doug. *Teacher.* Nueva York, NY: PowerKids Press, 2023.

Kawa, Katie. *A Day with a Teacher.* Nueva York, NY: Cavendish Square, 2021.

SITIOS WEB

La escuela

kids.britannica.com/kids/article/school/625277
Lee más acerca de los diferentes tipos de escuelas y salones de clase.

Maestros

kids.britannica.com/kids/article/teacher/
Aprende más acerca de los diferentes niveles de enseñanza.

Nota de la editorial a los educadores y padres: Nuestros editores han revisado cuidadosamente estos sitios web para comprobar que son apropiados para los alumnos. No obstante, muchos sitios web cambian con frecuencia, por lo que no podemos garantizar que los contenidos futuros cumplan con nuestros criterios de alta calidad y valor educativo. Les recomendamos que supervisen cuidadosamente a los alumnos siempre que tengan acceso a internet.

ÍNDICE

alumnos, 6, 14, 16, 18
clase(s), 8, 10, 20
escuela intermedia, 12
escuela preescolar, 12
escuela primaria, 12
escuela secundaria, 12
exámenes, 10, 14
grado(s), 6, 12
maestros de arte, 12
maestros de gimnasia, 12
materia(s), 6, 8, 12, 20
plan de lección, 14
universidad, 8
formación, 20